La paciencia es mi Superpoder

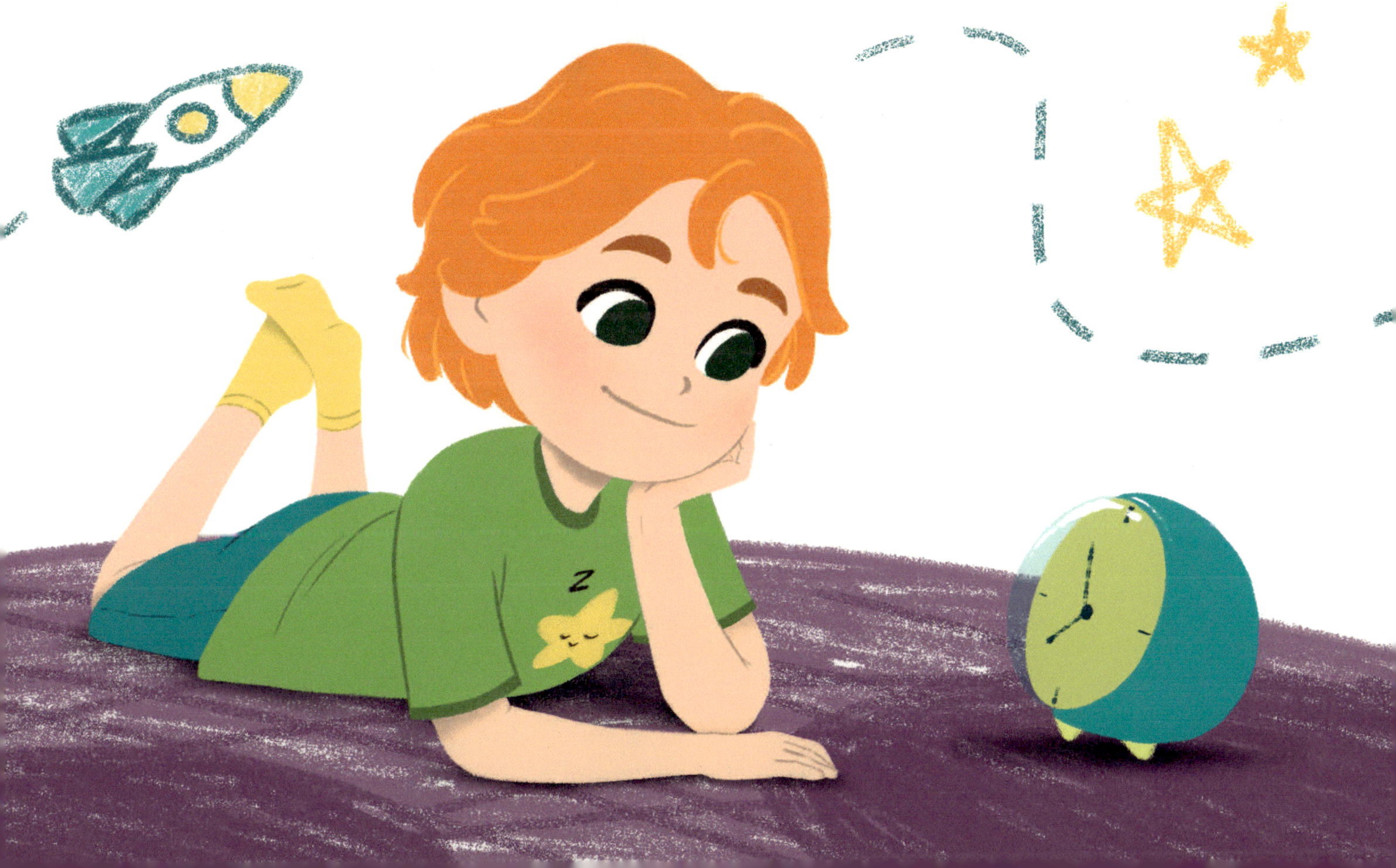

Translated by Gino Béssolo / Sofía Márquez / Jaime Carrillo (InfOhana)

www.aliciaortego.com

Este superpoder pertenece a:

. . . .

. . . .

Para los que esperan a que se sequen las acuarelas.
Para los que esperan el pastel para soplar las velas.
Para los que son pacientes cuando salen a jugar
y que al aprender no tienen problema con esperar.

Para los que son capaces de esperar a su cumpleaños
porque pueden abrir regalos de todos los tamaños.
Porque ustedes, los que esperan, son chicos inteligentes,
por eso es que les dedico este libro a todos USTEDES.

Hola, me llamo Dan y hace poco cumplí ocho años.
Me gusta hacer de todo, excepto esperar ratos muy largos.

Una linda mañana, al despertar
en mi cama cómoda y calientita,
llegó mamá y me dijo en voz bajita:
"Este viernes iremos a pasear".

“¡Viva!”, grité con mucha emoción.
Pensé: “Vamos a salir mañana”,
¡Pero imaginen mi conmoción
al ver que faltaba UNA SEMANA!

¡Ah, qué lenta pasaba la semana!
El mal humor pesaba sobre mi alma.
Mamá dijo: "¿Por qué estás enojado?
¿Cinco días cuestan tanto trabajo?".

Estuve muy aburrido en la escuela
y no me concentraba en la tarea.
No había mayor cosa en mi cabeza,
que la famosa tarta de mi abuela.

Por fin llegó el viernes y mi mal humor cambió por una gran sonrisa.
Pero no quería viajar demasiado tiempo, ¡tenía mucha prisa!

Lo que en ese momento quería
era tener la tecnología
para poder teletransportarme
porque el viaje empezaba a cansarme.

Mamá dijo: “Hoy vamos a jugar
«Adivina Quién», ¿qué te parece?”.
Sin ánimo acepté adivinar,
y logré ganar más de dos veces.

En el *Bingo de viaje* demostré ser muy inteligente
y luego conté un chiste de un niño al que se le cayó un diente.

Después mi mamá dijo: “Ya hemos llegado”,
y mientras yo me rascaba la cabeza,
vi la casa de mis abuelos en lo alto.
¡Todo fue una maravillosa sorpresa!

Me puse a pensar en lo mucho que me divertí durante el viaje. Jugué muchos juegos con mamá, pero también disfruté del paisaje.

Al verme, mi abuelita me levantó alto
y me cubría de besos y de abrazos.
Su cariño no me resultaba extraño,
Pero me apretó mucho y me puse blanco.

Anhelaba la famosa tarta de mi abuelita,
soñaba con el momento de poder devorar.
Pero estaba en el horno y no tenía otra alternativa
Más que sentarme en el piso, observarla y esperar.

Fuimos al jardín a instancias de mi abuela;
tenía sembradas flores muy hermosas.
Quería enseñarme el significado de cosas
como el gran superpoder de la paciencia.

Me dio una manzana aún no madura
y me dijo que la mordiera un poco.
“¡UGH!”, dije, “No vuelvo a hacer esto nunca”
y escupí porque casi me sofoco.

“Una fruta inmadura es muy amarga
para quienes no pueden esperar.
Pero si puede madurar en calma,
¡es deliciosa y la quieres probar!”.

Luego me enseñó una colmena
que estaba en medio del jardín.
Dijo: “Gracias a las abejas
podemos tener miel sin fin”.

“Hacer miel les toma tiempo antes de que la podamos comer.
Pero cuando está lista la usamos y la podemos beber.”

Al pasar por el gallinero, mi abuelita me enseñó muchos huevos que las gallinas tenían debajo y se veían mucho muy nuevos.

“¡Ya quiero ver los pollitos amarillos!”, empecé a gritar.
Me dijo: “Si los abrimos ahora, no los vas a encontrar.”

“Si eres lo suficientemente paciente y sabes esperar,
Nacerá una nueva vida que seguro que te va a gustar.”

“¿Preparado para llenar tu barriga?”,
dijo mi abuelita casi susurrando.
“La tarta ya debería de estar lista”.
¡CIELOS, el tiempo se me pasó volando!

Al comerme mi porción de tarta y beber en mi taza,
entendí qué esperar es divertido, es sólo una etapa.

Más tarde, pasé un rato agradable con mi abuelito.
Le gusta el ajedrez y nos pusimos a jugar,
pero entonces llegó el momento en que mamá me dijo:
"Ya va llegando la hora en que nos hemos de marchar".

“La próxima semana terminamos el juego”, me dijo mi abuelito súper amablemente. No pude evitar sentirme un poco triste, pero decidí que lo mejor sería ser paciente.

ACTIVITY

Mi abuelita me regaló completa una tarta
y un póster que tenía una ilustración de un panal.
"Llévatelo y tenlo muy a la vista en tu casa;
colorea una celda al aprender algo especial".

"Verás que también los días que pasas en la escuela
pueden convertirse en algo muy entretenido.
Mientras esperas puedes aprender sin problemas
y te vas a sorprender porque es muy divertido."

Mi abuelita estaba en lo cierto.
La paciencia es muy agradable.
Esperar es todo un proceso,
pero es uno muy saludable.

Soy paciente al jugar
y al tener una idea.
Ya no tengo problema
cuando debo esperar.

Coloreaba el póster lleno de anhelo;
me emocionaba mucho al aprender
mientras pensaba en jugar con mi abuelo
y en qué jugada lo iba a sorprender.

Cuando aprendí que podía sembrar
y disfruté ver las cosas crecer,
Me fue imposible llegar a olvidar
¡que la paciencia es mi **Superpoder!**

Póster especial de la colmena

Queridos lectores:

Muchas gracias por tomarse el tiempo de leer este libro y compartirlo con sus seres queridos. Nos encantaría saber qué les pareció. Sólo necesitan un par de minutos para decirnos cómo los hizo sentir y estaremos muy agradecidos con ustedes. Su opinión es muy importante para nosotros y para el resto de personas que aún no leen este libro.

Mensaje de la autora:

Escribí este libro para todos los niños que no saben esperar. Pero... ¿quién sabe esperar en estos días?

La paciencia es mi Superpoder les enseña a los más pequeños los mejores métodos para divertirse mientras ejercitan la paciencia: esperar nos da la oportunidad de hacer muchas cosas como aprender algo nuevo, participar en juegos divertidos y expresar nuestra creatividad. Podemos disfrutar siendo pacientes, especialmente cuando el resultado final es algo bueno.

A los niños no suele gustarles esperar, así que nuestro trabajo es enseñarles a controlar sus impulsos.
Este libro les enseña la importancia de ser pacientes.
También les habla acerca del mundo de los adultos, donde muy a menudo debemos ser pacientes y saber esperar.

La paciencia es mi Superpoder es el séptimo libro de la serie Mis Superpoderes, libros de crecimiento personal para niños de todas las edades. Espero que todos los niños, padres, abuelos, maestros y lectores lo disfruten.

Visita mi página web www.aliciaortego.com para más información y descargar recursos gratis que puedes imprimir. También puedes escanear el código de abajo para ir al sitio web.

¡Gracias de nuevo por tu apoyo!
Alicia Ortego

¡Colecciónalos todos!

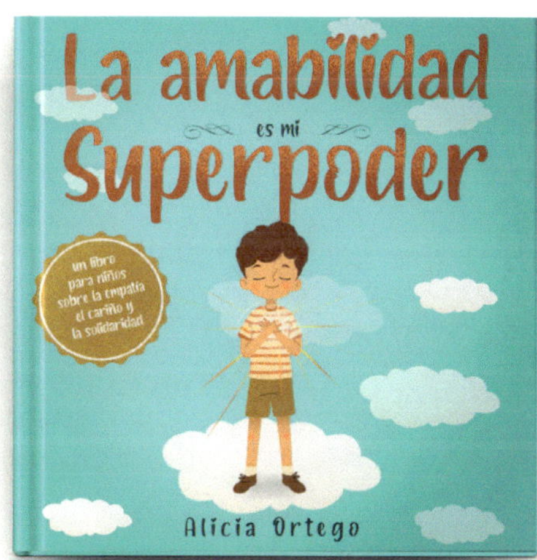
La amabilidad
es mi
Superpoder
Alicia Ortego

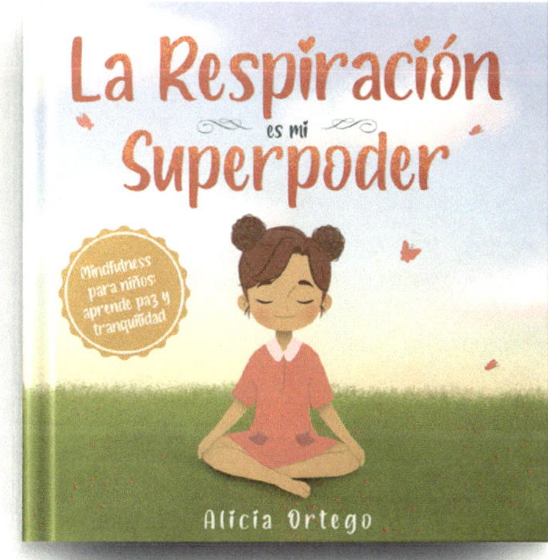
La Respiración
es mi
Superpoder
Mindfulness para niños: aprende paz y tranquilidad
Alicia Ortego

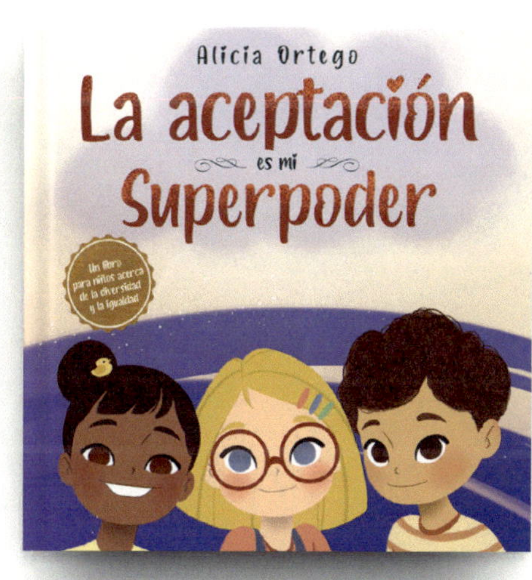
Alicia Ortego
La aceptación
es mi
Superpoder

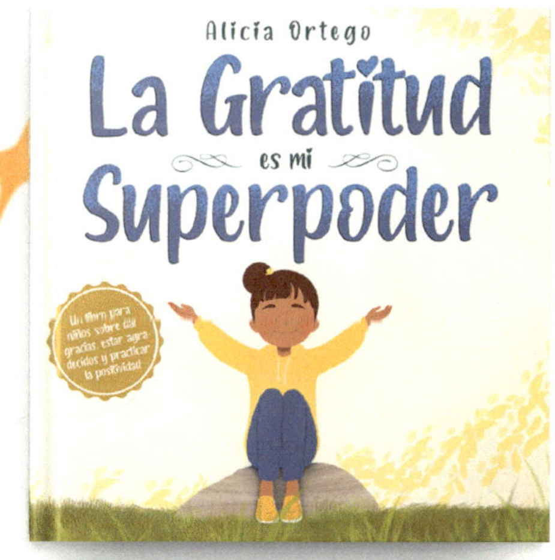
Alicia Ortego
La Gratitud
es mi
Superpoder

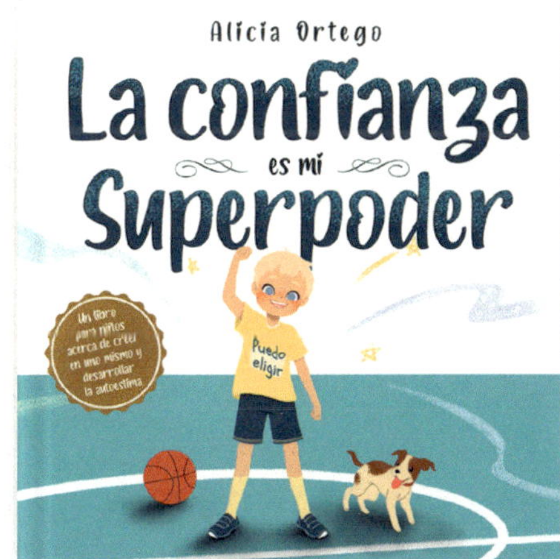
Alicia Ortego
La confianza
es mi
Superpoder
Puedo elegir

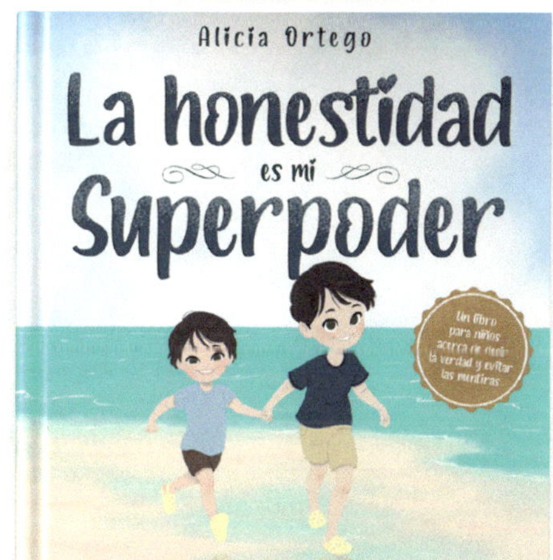
Alicia Ortego
La honestidad
es mi
Superpoder

Made in the USA
Columbia, SC
17 July 2025